Impressum
Verlag: BABADADA GmbH, Nedderfeld 112 , 22529 Hamburg
Geschäftsführer / Verlagsleitung: Harald Hof
Druck: Books on Demand GmbH, In de Tarpen 42, 22848 Norderstedt

Imprint
Publisher: BABADADA GmbH, Nedderfeld 112 , 22529 Hamburg, Germany
Managing Director / Publishing direction: Harald Hof
Print: Books on Demand GmbH, In de Tarpen 42, 22848 Norderstedt, Germany

paaralan
школа

bawasin
ділити

pisara
дошка

186/2

silid-aralan
класна кімната

bakuran ng paaralan
шкільний двір

guro
вчитель

papel
папір

pen
ручка

mesa
письмовий стіл

ruler
лінійка

sumulat
писати

aklat
книга

mag-aaral
учень

satchel

ранець

lalagyan ng lapis

пенал

lapis

олівець

pantasa

точило

goma

гумка

drowing pad

альбом для малювання

drowing

малюнок

pinsel na pampinta

пензель

kahon ng pinta

коробка фарб

gunting

ножиці

pandikit

клей

aklat para sa pagsasanay

зошит

takdang-aralin

домашнє завдання

numero

число

dagdagan

додавати

bawasin

віднімати

paramihin

множити

kalkulahin

рахувати

liham

літера

alpabeto

абетка

salita

слово

teksto

текст

basahin

читати

yeso

крейда

leksyon

година

rehistro

класний журнал

eksaminasyon

екзамен

sertipiko

диплом

uniporme sa paaralan

шкільна форма

edukasyon

освіта

encyclopedia

лексикон

unibersidad

університет

mikroskopyo

мікроскоп

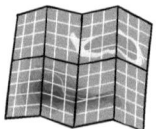

mapa

карта

basurahan ng papel

кошик для паперу

paglalakbay

подорож

hotel
готель
Grand
hostel
турбаза
ROOMS
EXCHANGE
tanggapan ng palitan ng pera
обмінний пункт
maleta
валіза
kotse
автомобіль

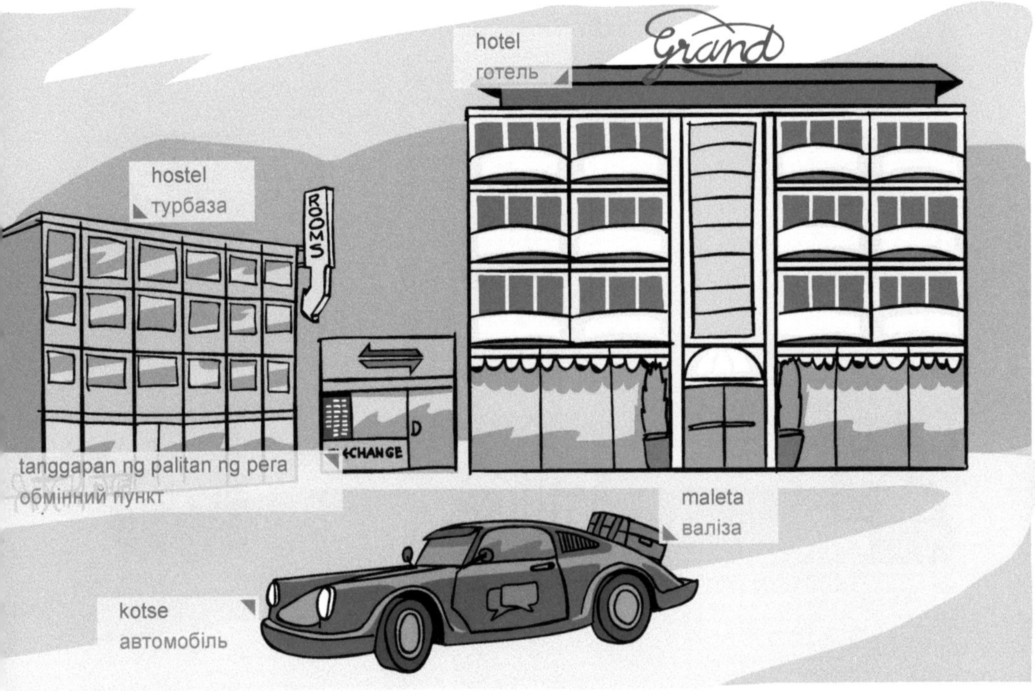

wika
мова

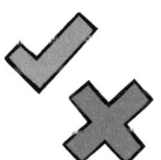

oo / hindi
так / ні

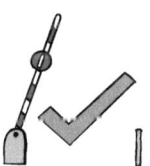

Okey
добре

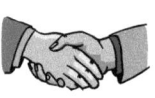

kumusta
привіт

tagapagsalin
перекладач

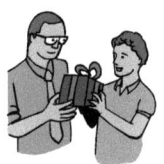

Salamat
дякую

magkano ang…?

Скільки коштує …?

Hindi ko maintindihan

Я не розумію

problema

проблема

Magandang gabi!

Добрий вечір!

Magandang umaga!

Доброго ранку!

Magandang gabi!

На добраніч!

paalam

До побачення

direksyon

напрямок

bahage

багаж

bag

сумка

napsak

рюкзак

panauhin

гість

silid

кімната

sakong tulugan

спальний мішок

tolda

намет

impormasyon ng turista

туристична інформація

dalampasigan

пляж

credit card

кредитна картка

almusal

сніданок

tanghalian

обід

hapunan

вечеря

tiket

квиток

elebeytor

ліфт

selyo

поштова марка

hangganan

межа

adwana

митниця

embahada

посольство

visa

віза

pasaporte

паспорт

transportasyon
транспорт

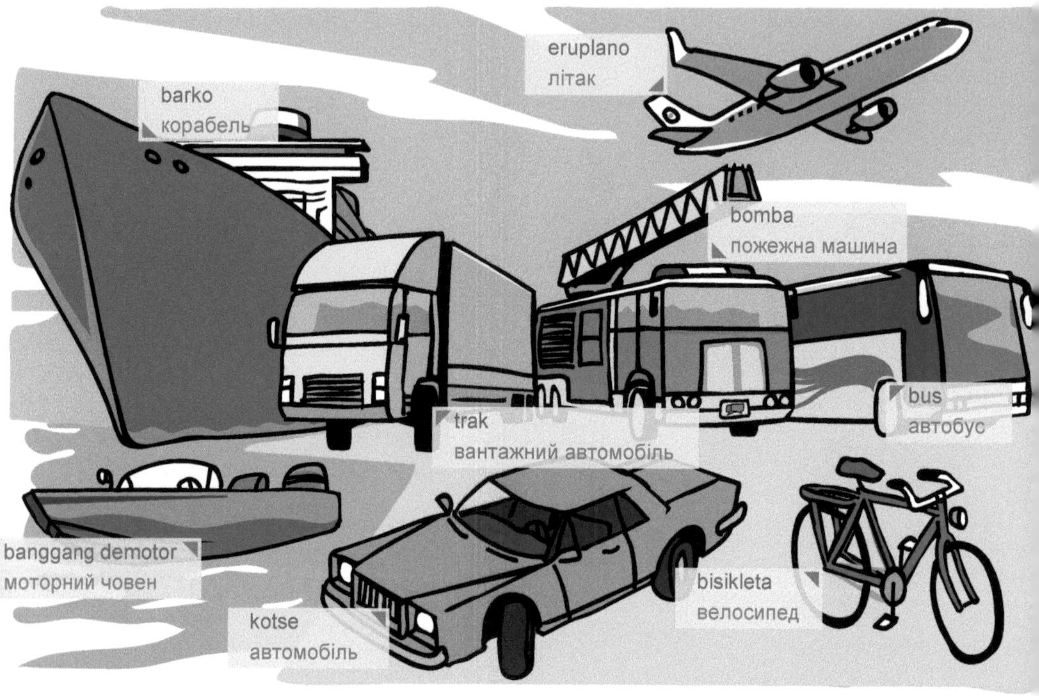

eruplano
літак
barko
корабель
bomba
пожежна машина
bus
автобус
trak
вантажний автомобіль
banggang demotor
моторний човен
bisikleta
велосипед
kotse
автомобіль

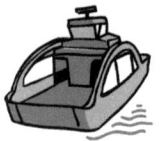

lantsang pantawid

пором

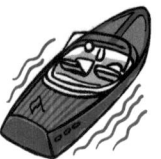

bangka

човен

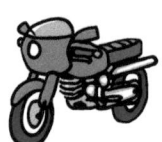

motorsiklo

мотоцикл

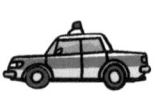

sasakyan ng pulis

поліцейська машина

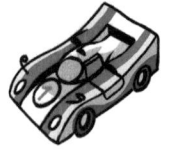

kotseng pangkarera

гоночний автомобіль

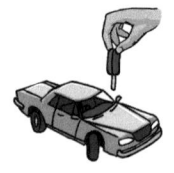

nirerentahang kotse

автомобіль на прокат

car sharing

спільне користування авто

trak na panghila

евакуатор

trak na pantapon ng basura

сміттєвоз

motor

двигун

panggatong

паливо

gasolinahan

автозаправна станція

karatula ng trapiko

дорожній знак

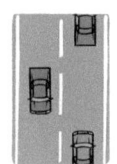

trapiko

рух

masikip na trapiko

затор

paradahan ng kotse

стоянка

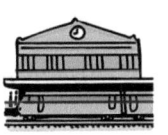

estasyon ng tren

вокзал

riles

рейки

tren

потяг

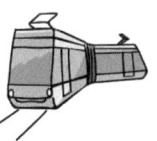

trambya

трамвай

wagon

вагон

helikopter

гелікоптер

paliparan

аеропорт

tore

вежа

pasahero

пасажир

sisidlan

контейнер

karton

коробка

kariton

візок

basket

кошик

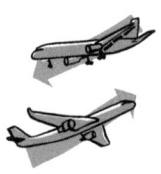

umalis / lumapag

стартувати / приземлятися

lungsod

місто

nayon

село

sentro ng lungsod

центр міста

bahay

дім

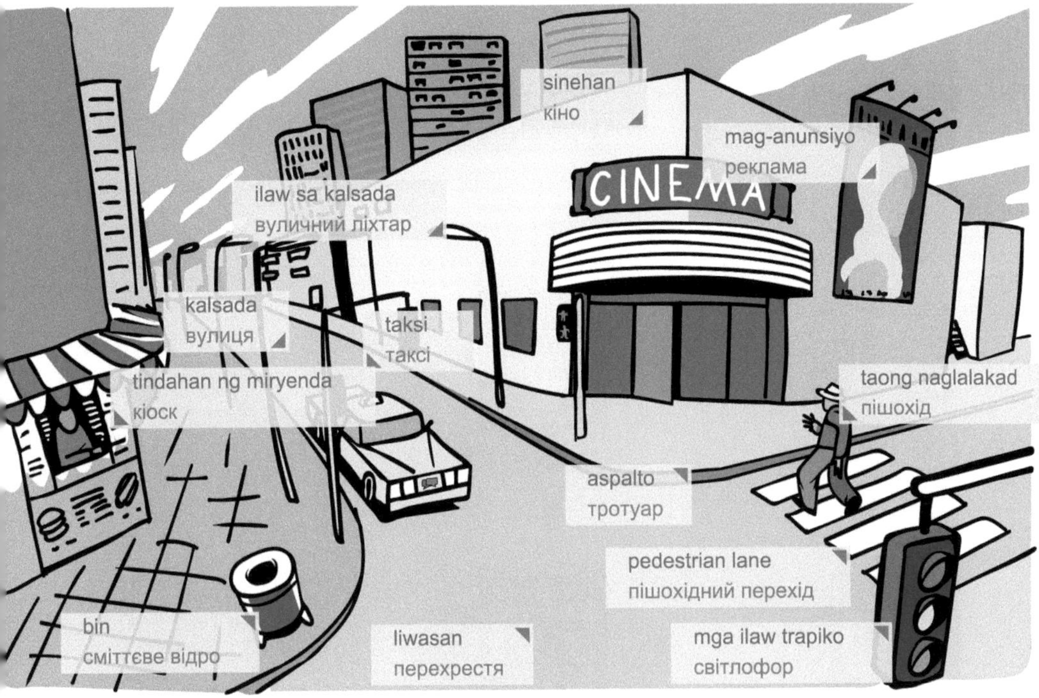

sinehan
кіно

mag-anunsiyo
реклама

ilaw sa kalsada
вуличний ліхтар

CINEMA

kalsada
вулиця

taksi
таксі

tindahan ng miryenda
кіоск

taong naglalakad
пішохід

aspalto
тротуар

pedestrian lane
пішохідний перехід

bin
сміттєве відро

liwasan
перехрестя

mga ilaw trapiko
світлофор

kubo

хатина

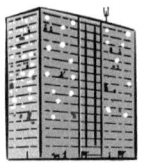

patag

квартира

estasyon ng tren

вокзал

munisipyo

ратуша

museo

музей

paaralan

школа

unibersidad

університет

bangko

банк

ospital

лікарня

hotel

готель

parmasya

аптека

opisina

офіс

tindahan ng aklat

книжковий магазин

tindahan

магазин

tindahan ng bulaklak

квітковий магазин

supermarket

супермаркет

palengke

ринок

department store

універмаг

tindahan ng isda

торговець рибою

sentrong pamilihan

торговельний центр

daungan

гавань

parke

парк

bangko

лава

tulay

міст

hagdan

сходи

underground

метро

tunel

тунель

hintuan ng bus

автобусна зупинка

bar

бар

restawran

ресторан

kahon ng koreo

поштова скринька

karatula sa kalsada

вулична табличка

metro ng paradahan

лічильник паркування

zoo

зоопарк

swimming pool

басейн

moske

мечеть

bukid

ферма

polusyon

забруднення
навколишнього
середовища

libingan

кладовище

simbahan

церква

palaruan

дитячий майданчик

templo

храм

tanawin

ландшафт

dahon
листок

posteng pananda
вказівний стовп

daan
шлях

parang
луг

bato
камінь

hiker
мандрівник

kahoy
дерево

ilog
річка

damo
трава

bulaklak
квітка

lambak

долина

burol

гора

look

озеро

kagubatan

ліс

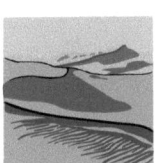

disyerto

пустеля

bulkan

вулкан

kastilyo

замок

bahaghari

веселка

kabute

гриб

palmera

пальма

lamok

комар

langaw

муха

langgam

мурашка

bubuyog

бджола

gagamba

павук

salagubang

жук

palaka

жаба

ardilya

вивірка

parkupino

їжак

liyebre

заєць

kuwago

сова

ibon

птах

sisne

лебідь

bulugan

кабан

usa

олень

moose

лось

dam

гребля

turbina ng hangin

вітряк

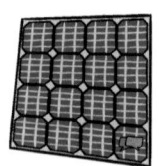

solar panel

сонячний модуль

klima

клімат

restawran

ресторан

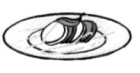

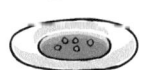

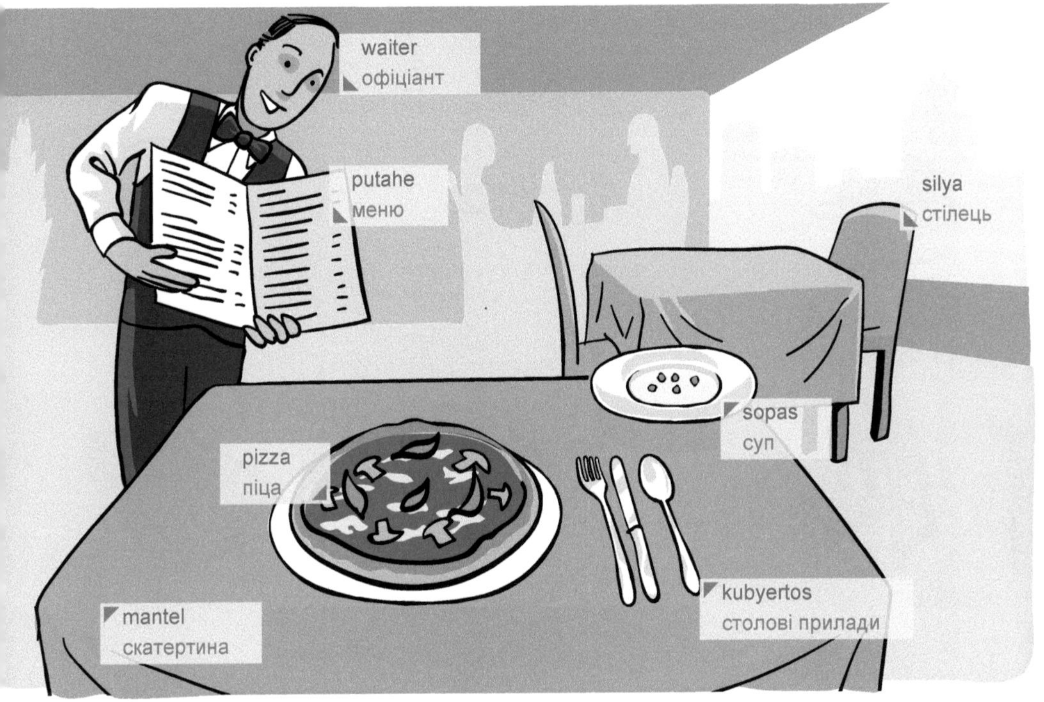

waiter
офіціант
putahe
меню
silya
стілець
sopas
суп
pizza
піца
kubyertos
столові прилади
mantel
скатертина

panimula
закуска

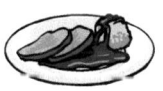

pangunahing pagkain
друга страва

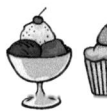

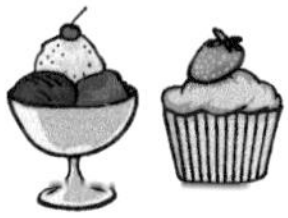

panghimagas
десерт

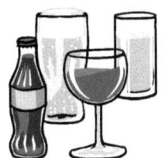

inumin
напої

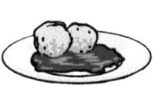

pagkain
їжа

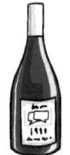

bote
пляшка

fastfood

фаст-фуд

pagkaing kalye

вулична їжа

tsarera

чайник

panutsa

цукорниця

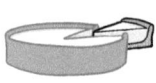

bahagi

порція

espresso machine

еспресо-машина

mataas na upuan

високий стільчик

bayarin

рахунок

bandehado

піднос

kutsilyo

ніж

tinidor

вилка

kutsara

ложка

kutsarita

чайна ложка

serviette

серветка

baso

склянка

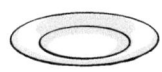

pinggan

тарілка

platong pansopas

тарілка для супу

platito

блюдце

sawsawan

соус

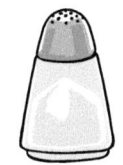

pangkalog ng asin

солонка

panggiling ng paminta

млин для перцю

suka

оцет

langis

масло

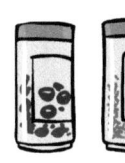

pampalasa

спеції

ketsup

кетчуп

mustasa

гірчиця

mayonnaise

майонез

supermarket

супермаркет

espesyal na alok
пропозиція
kustomer
клієнт
produktong mantikilya
молочні продукти
FOR
prutas
фрукти
troli
візок для покупок

BUTCHERS

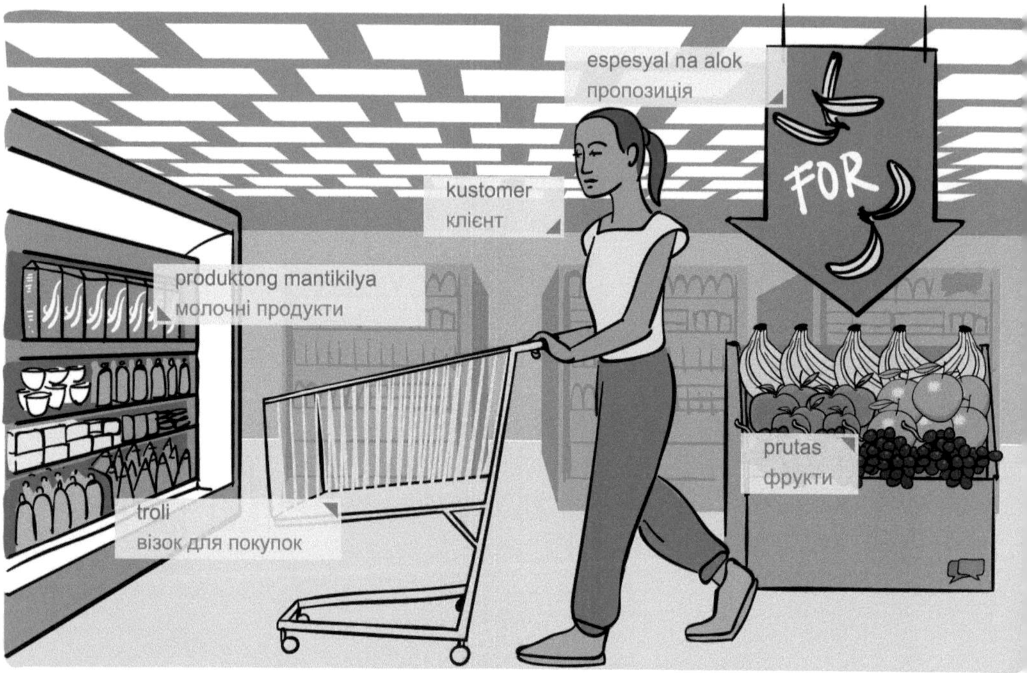

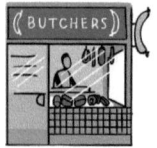

butser

м'ясний магазин

BAKERY

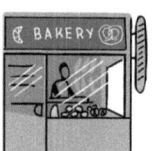

panaderya

пекарня

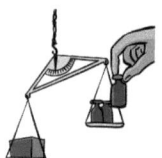

timbang

зважувати

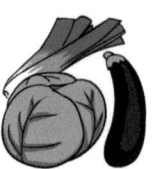

mga gulay

овочі

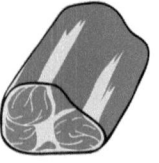

karne

м'ясо

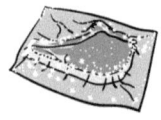

pinalamig na pagkain

заморожені продукти

malamig na karne

ковбасна нарізка

delatang pagkain

консерви

pulbos na panlaba

пральний порошок

matatamis

солодощи

mga produktong pambahay

предмети домашнього побуту

mga produktong panlinis

мийний засіб

tindera

продавщиця

cash register

каса

kahera

касир

listahan ng pinamili

список покупок

oras ng pagbubukas

часи роботи

pitaka

гаманець

credit card

кредитна картка

bag

сумка

plastik bag

поліетиленовий пакет

tubig

вода

juice

сік

gatas

молоко

coke

кола

alak

вино

serbesa

пиво

alak

алкоголь

kakaw

какао

tsaa

чай

kape

кава

espresso

еспресо

cappuccino

капучіно

saging

банан

mansanas

яблуко

kahel

апельсин

melon

кавун

limon

лимон

carrot

морква

bawang

часник

kawayan

бамбук

sibuyas

цибуля

kabute

гриб

mani

горішки

noodles

локшина

spaghetti

спагеті

bigas

рис

ensalada

салат

chips

картопля фрі

pritong patatas

смажена картопля

pizza

піца

hamburger

гамбургер

sandwich

бутерброд

piraso ng karneng walang buto

шніцель

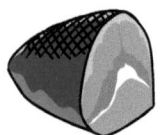

hamon

шинка

salami

салямі

tsoriso

ковбаса

manok

курка

inihaw

печеня

isda

риба

mga porridge oat

вівсяні пластівці

muesli

мюслі

cornflakes

кукурудзяні пластівці

harina

борошно

croissant

круасан

rolyong tinapay

булочка

tinapay

хліб

tostado

тостовий хліб

biskuwit

печиво

mantikilya

масло

keso

сир

keyk

пиріг

itlog

яйце

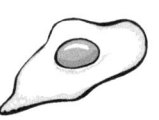

pritong itlog

яєчня

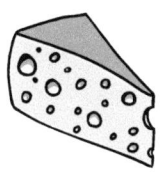

keso

сир

sorbetes

морозиво

asukal

цукор

pulot

мед

jam

мармелад

tsokolateng pinapahid

нуга-крем

curry

карі

bukid
ферма

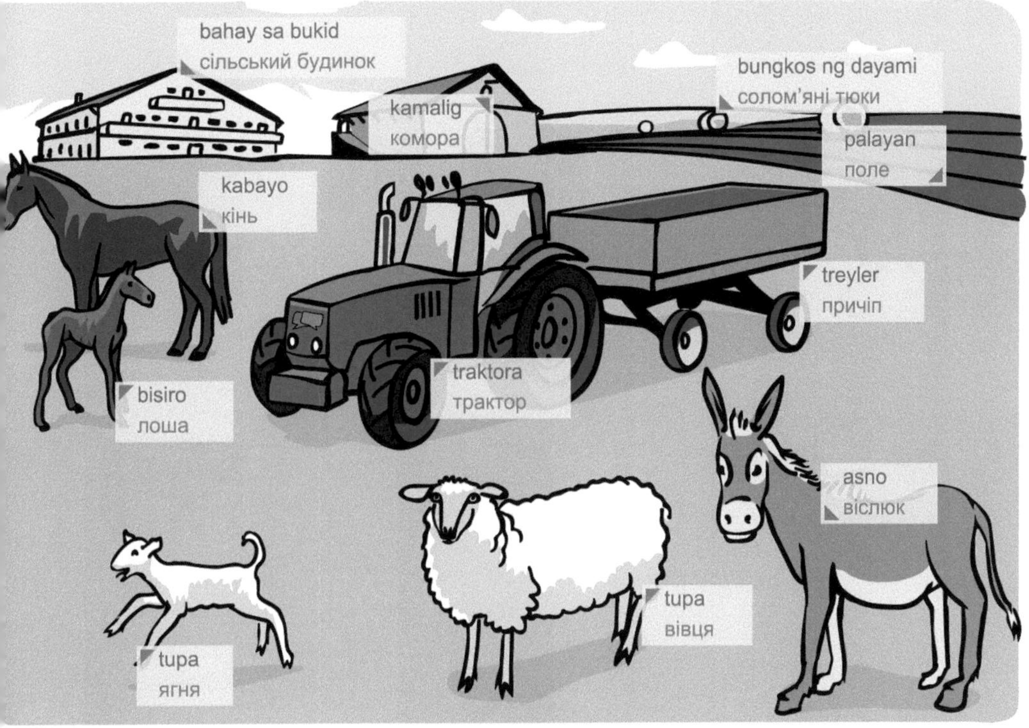
bahay sa bukid
сільський будинок
kamalig
комора
bungkos ng dayami
солом'яні тюки
palayan
поле
kabayo
кінь
treyler
причіп
traktora
трактор
bisiro
лоша
asno
віслюк
tupa
вівця
tupa
ягня

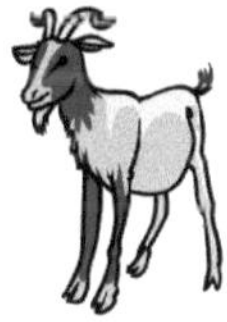
kambing
коза

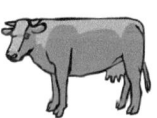

baka
корова

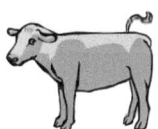

guya
теля

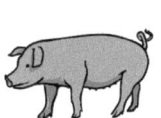

baboy
свиня

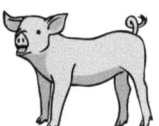

biik
порося

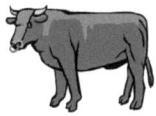

toro
бик

gansa

гусак

pato

качка

sisiw

курча

inahin

курка

katyaw

півень

daga

щур

pusa

кіт

daga

миша

kapong baka

віл

aso

собака

bahay ng aso

собача будка

hose sa hardin

садовий шланг

latang pandilig

лійка

haras

коса

araro

плуг

karit

серп

asarol

мотика

tuhugin

вила

palakol

сокира

karitela

тачка

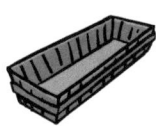

sabsaban

корито

lata ng gatas

бідон молока

sako

мішок

bakod

паркан

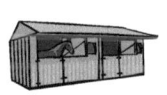

kuwadra

хлів

punlaan

теплиця

lupa

ґрунт

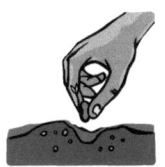

buto

насіння

pataba

добриво

combine harvester

комбайн

mag-ani

пожинати

ani

урожай

yams

корінь ямсу

trigo

пшениця

soya

соя

patatas

картопля

mais

кукурудза

rapeseed

ріпак

kahoy na namumunga

плодове дерево

kamoteng kahoy

маніок

siryal

злаки

bahay

дім

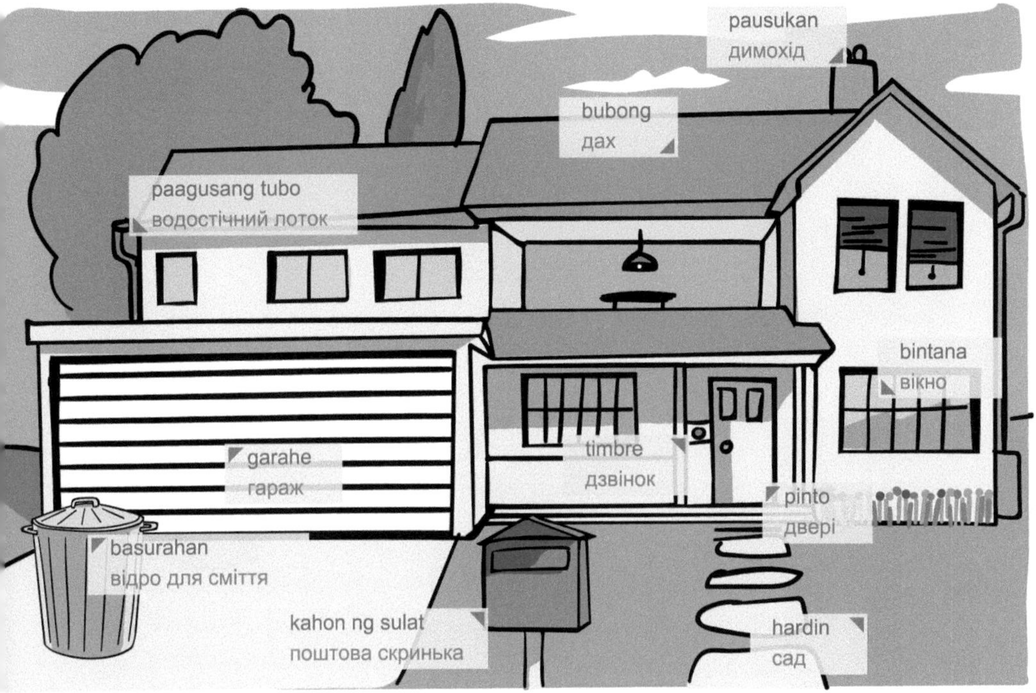
pausukan
димохід
bubong
дах
paagusang tubo
водостічний лоток
bintana
вікно
garahe
гараж
timbre
дзвінок
pinto
двері
basurahan
відро для сміття
kahon ng sulat
поштова скринька
hardin
сад

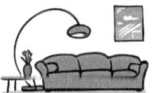

salas

вітальня

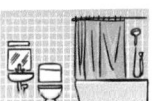

palikuran

ванна кімната

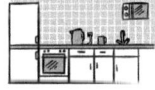

kusina

кухня

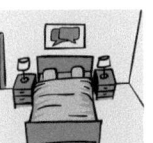

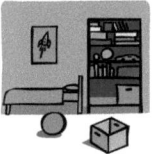

silid-tulugan

спальня

silid ng bata

дитяча кімната

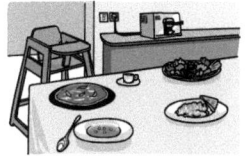

hapag-kainan

їдальня

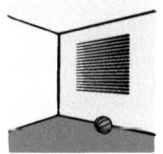

sahig

підлога

pader

стіна

kisame

стеля

bodega ng alak

підвал

sauna

сауна

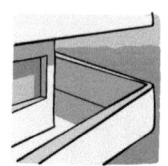

balkonahe

балкон

terasa

тераса

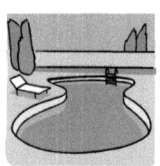

pool

басейн

pamputol ng damo

косарка

piraso ng papel

простирало

kobrekama

ковдра

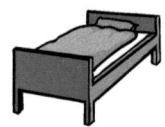

higaan

ліжко

walis

мітла

timba

відро

pindutan

перемикач

salas
вітальня

wallpaper
шпалери
litrato
малюнок
ilaw
лампа
estante
поличка
kabinet
шафа
telebisyon
телевізор
pugon
камін
bulaklak
квітка
unan
подушка
sopa
диван
plorera
ваза
remote control
пульт

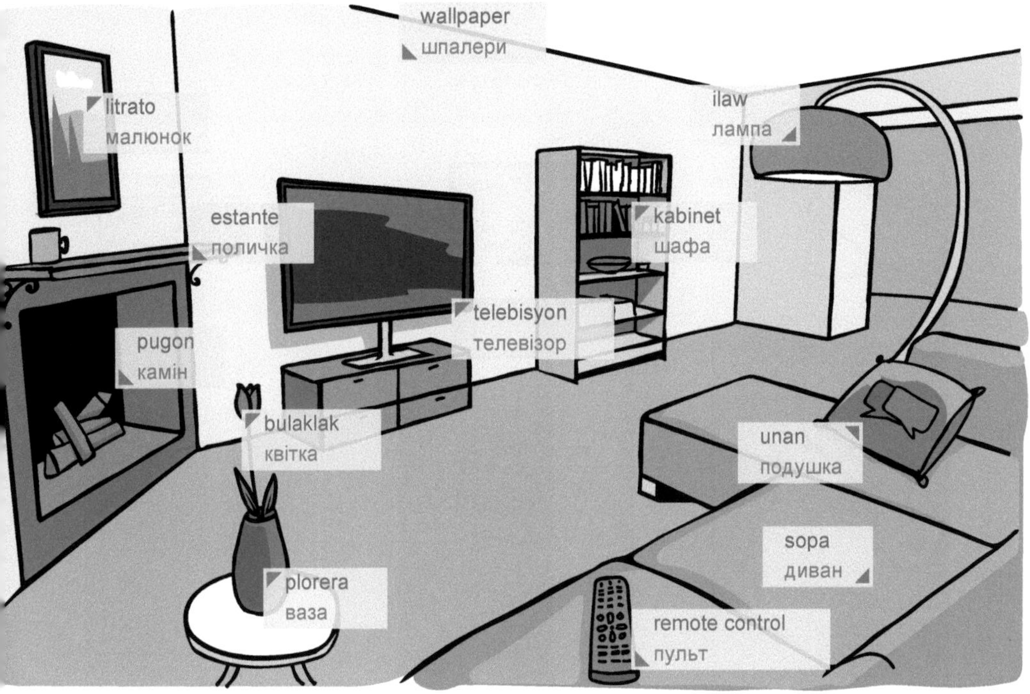

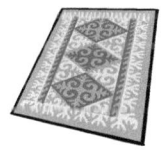

karpet

килим

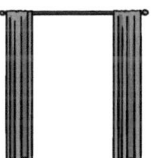

kurtina

завіса

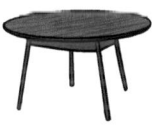

mesa

стіл

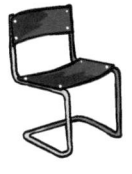

silya

стілець

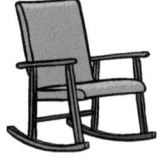

tumba-tumba

крісло-гойдалка

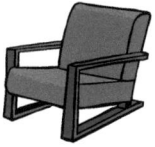

sandalan

крісло

aklat

книга

kumot

ковдра

dekorasyon

прикраса

kahoy na panggatong

дрова

pelikula

фільм

hi-fi

стереосистема

susi

ключ

dyaryo

газета

pinta

картина

poster

плакат

radyo

радіо

kuwaderno

блокнот

vacuum cleaner

пилосос

kaktus

кактус

kandila

свічка

kusina

кухня

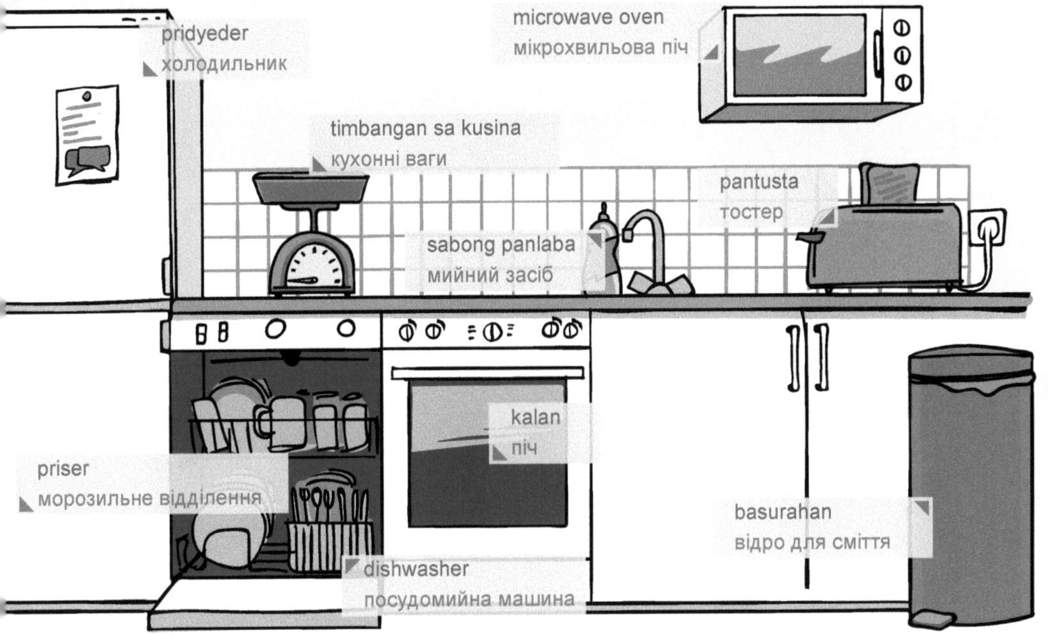

pridyeder
холодильник
microwave oven
мікрохвильова піч
timbangan sa kusina
кухонні ваги
pantusta
тостер
sabong panlaba
мийний засіб
kalan
піч
priser
морозильне відділення
basurahan
відро для сміття
dishwasher
посудомийна машина

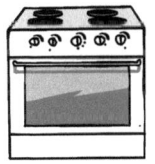

lutuan

плита

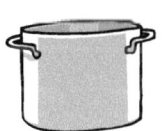

kaldero

горщик

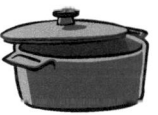

kalderong bakal

чавунний горщик

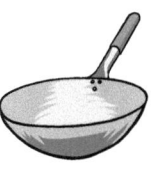

wok / kadai

вок / кадай

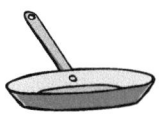

kawali

сковорода

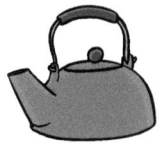

takore

чайник

pasingawan

пароварка

bandehado sa paghuhurno

лист

babasagin

посуд

mug

кухоль

mangkok

чаша

sipit ng intsik

палички для їжі

sandok

черпак

spatula

лопатка

pampalis

вінчик для збивання

pansala

сито

salaan

сито

pangkayod

терка

almires

ступка

barbikyo

барбекю

siga

багаття

tadtaran

дошка

rodilyo

качалка

tribuson

штопор

lata

конзерва

pambukas ng lata

відкривачка

panghawak ng kaldero

прихватки

lababo

раковина

bras

щітка

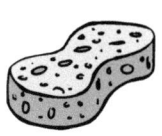

espongha

губка

blender

міксер

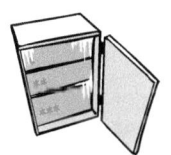

malalim na treezer

морозильна камера

bote ng sanggol

дитяча пляшка

gripo

кран

palikuran

ванна кімната

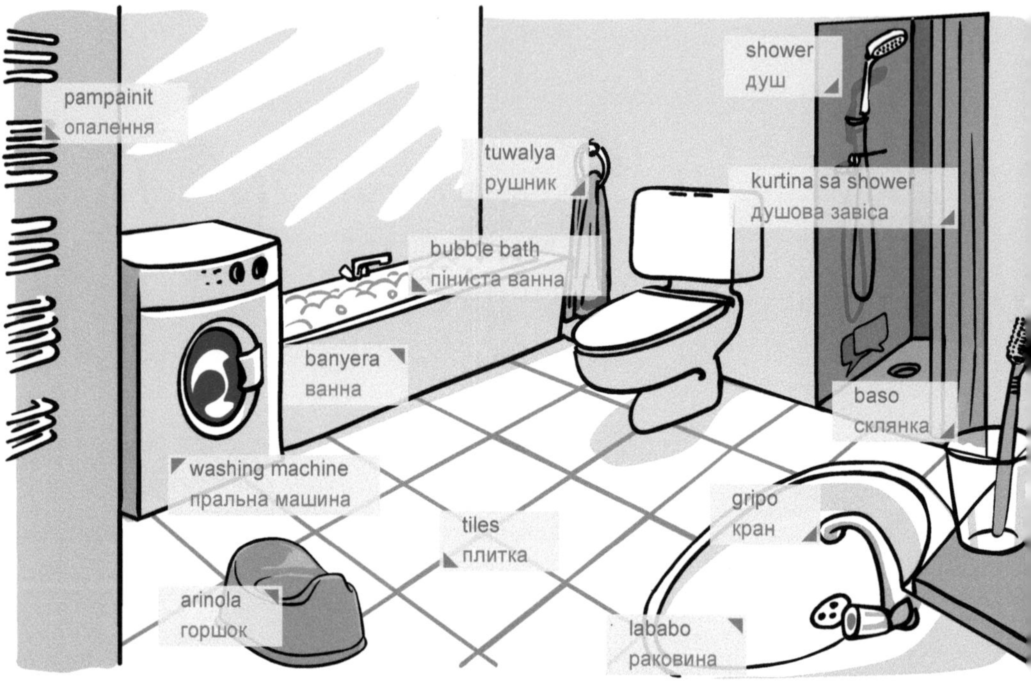

pampainit
опалення
shower
душ
tuwalya
рушник
kurtina sa shower
душова завіса
bubble bath
пінистa ванна
banyera
ванна
baso
склянка
washing machine
пральна машина
gripo
кран
tiles
плитка
arinola
горшок
lababo
раковина

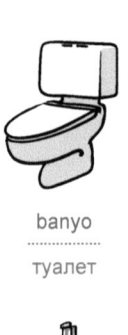

banyo

туалет

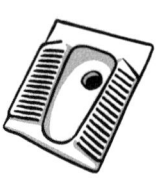

squat toilet

підлоговий туалет

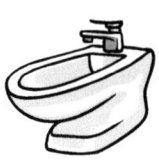

bidet

біде

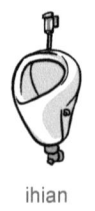

ihian

пісуар

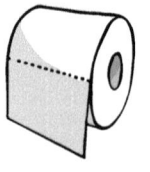

toilet paper

туалетний папір

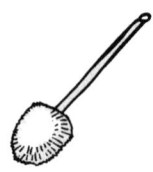

iskoba sa banyo

щітка для туалету

sipilyo

зубна щітка

tutpeyst

зубна паста

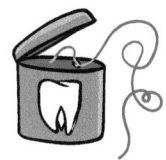

dental floss

нитка для чищення зубів

hugasan

мити

shower na hinahawakan

ручний душ

dutsa

інтимний душ

palanggana

таз

bras panlikod

щітка для спини

sabon

мило

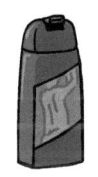

shower gel

гель для душу

shampoo

шампунь

pranela

мочалка

paagusan

водостік

krema

крем

deodorant

дезодорант

salamin

дзеркало

salaming hinahawakan

косметичне дзеркало

pang-ahit

бритва

bulang pang-ahit

піна для гоління

aftershave

лосьйон після гоління

suklay

гребінь

brush

щітка

pantuyo ng buhok

фен

sprey sa buhok

лак для волосся

makeup

косметика

lipistik

губна помада

pampakintab ng kuko

лак для нігтів

bulak na lana

вата

panggupit ng kuko

ножиці для нігтів

pabango

парфум

washbag

косметичка

stool

табурет

timbangan

ваги

bata

халат

gomang guwantes

гумові рукавички

tampon

тампон

malinis na tuwalya

гігієнічні прокладки

chemical toilet

біотуалет

silid ng bata

дитяча кімната

alarm clock
будильник
nayayakap na laruan
м'яка іграшка
laruang kotse
іграшковий автомобіль
kuliling
брязкальце
bahay ng manika
ляльковий будиночок
regalo
подарунок

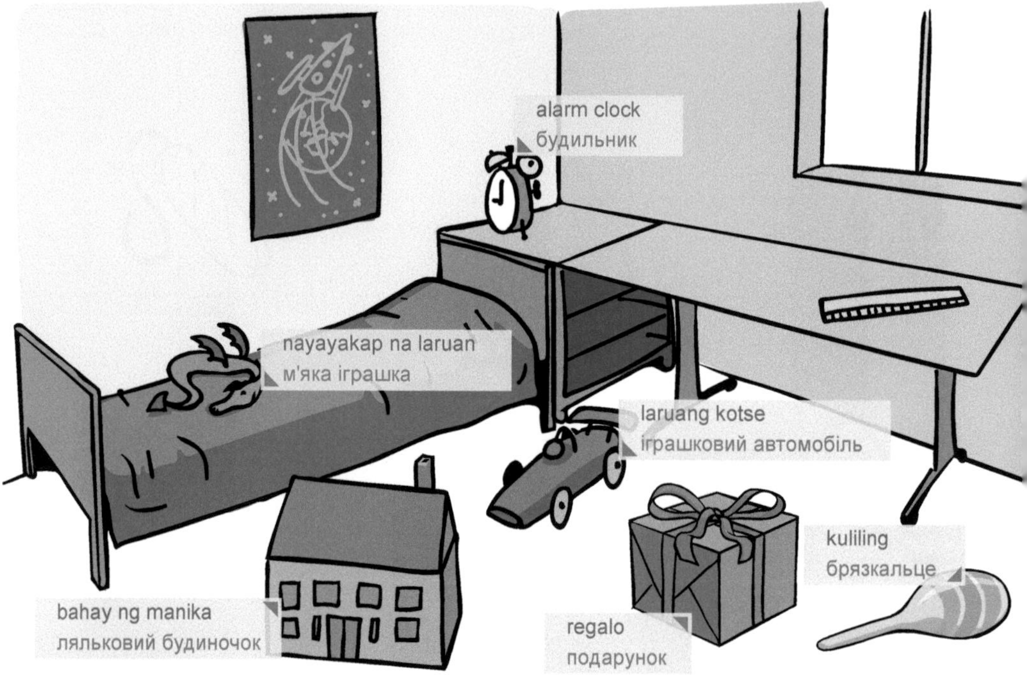

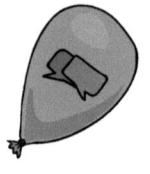

lobo

повітряна кулька

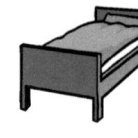

higaan

ліжко

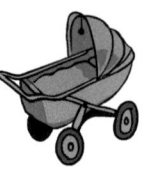

pram

дитячий візок

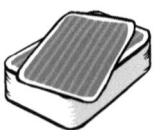

hanay ng mga baraha

картярська гра

jigsaw

пазл

SUPER
MEGA

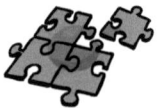

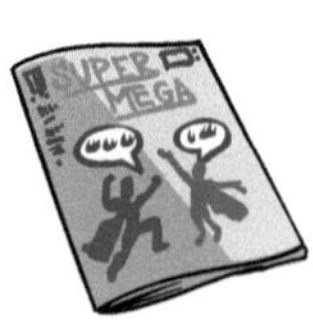

komiks

комікс

lego bricks

лего цеглинки

blokeng laruan

блоки

action figure

іграшкова фігурка

paglaki ng sanggol

повзунки

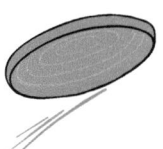

frisbee

фризбі

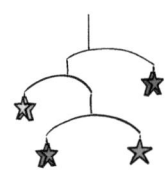

mobile

мобіле

board game

настільна гра

dice

кубик

model train set

модель залізнична станція

manikin

соска

salu-salo

вечірка

aklat ng mga lltrato

книжка з картинками

bola

м'яч

manika

лялька

maglaro

грати

tibagan ng buhangin

пісочниця

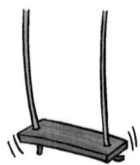

duyan

гойдалка

mga laruan

іграшка

video game console

гральна консоль

traysikel

триколісний велосипед

teddy bear

плюшевий мішка

aparador

шафа

pananamit

одяг

medyas

шкарпетки

stockings

панчохи

pampitis

колготки

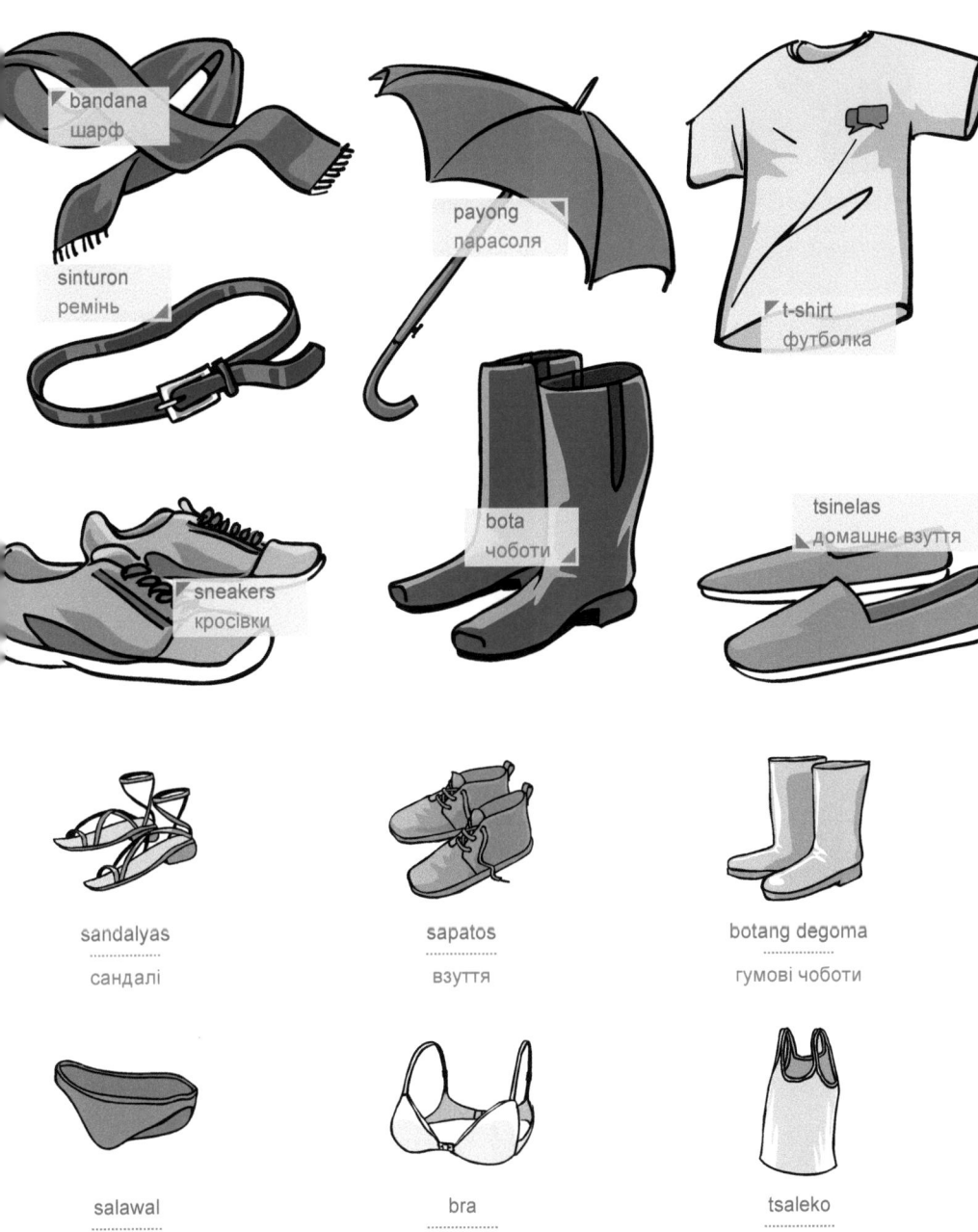

bandana
шарф

sinturon
ремінь

payong
парасоля

t-shirt
футболка

bota
чоботи

tsinelas
домашнє взуття

sneakers
кросівки

sandalyas
сандалі

sapatos
взуття

botang degoma
гумові чоботи

salawal
труси

bra
бюстгальтер

tsaleko
нижня сорочка

katawan
боді

pantalon
штани

jeans
джинси

palda
спідниця

blusa
блузка

kamiseta
сорочка

pullover
пуловер

panlamig
светр

blazer
піджак

diyaket
куртка

kapa
пальто

kapote
дощовик

kasuotan
костюм

bistida
сукня

damit pangkasal
весільна сукня

terno

костюм

damit pantulog

нічна сорочка

padyama

піжама

sari

сарі

bandana sa ulo

головна хустка

turban

чалма

burka

бурка

kaftan

кафтан

abaya

абая

panlangoy

купальник

trunks

плавки

salawal

шорти

tracksuit

тренувальний костюм

apron

фартух

guwantes

рукавички

butones

гудзик

salamin

окуляри

pulseras

браслет

kuwintas

ланцюг

singsing

кільце

hikaw

сережка

takip

шапка

sabitan ng kapa

плічка

sombrero

капелюх

kurbata

краватка

siper

застібка-блискавка

helmet

шолом

tirante

підтяжки

uniporme sa paaralan

шкільна форма

uniporme

уніформа

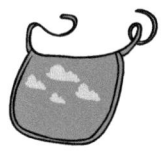

bibero

нагрудник

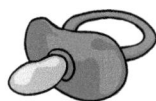

manikin

соска

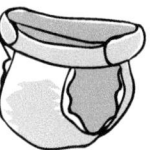

lampin

підгузок

opisina

офіс

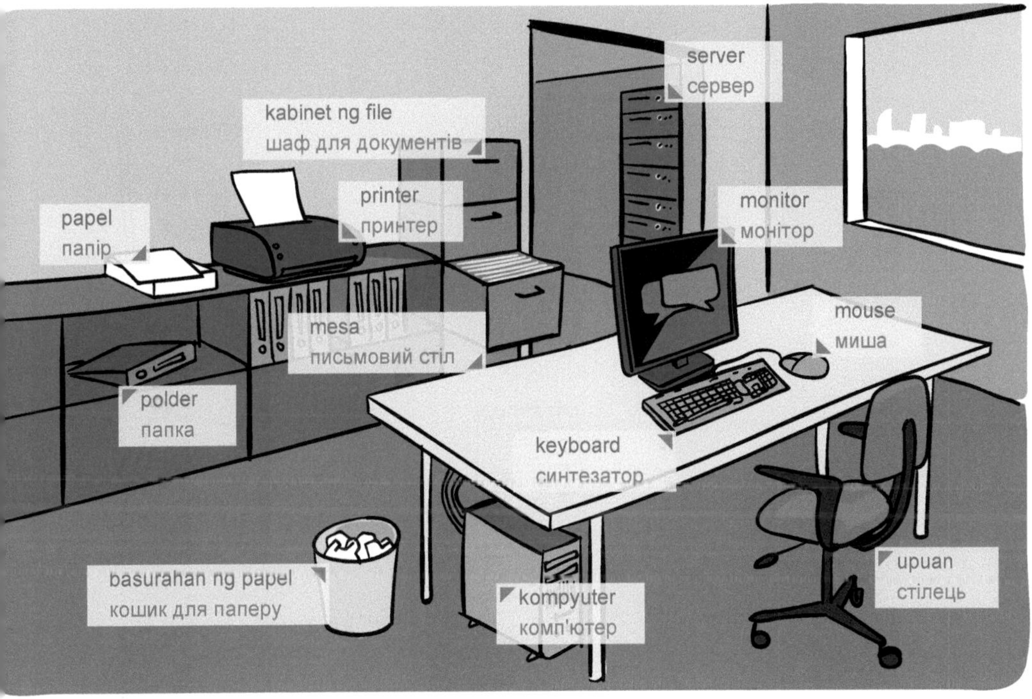
server
сервер
kabinet ng file
шаф для документів
printer
принтер
papel
папір
monitor
монітор
mouse
миша
mesa
письмовий стіл
polder
папка
keyboard
синтезатор
upuan
стілець
basurahan ng papel
кошик для паперу
kompyuter
комп'ютер

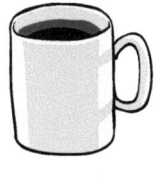

tasa ng kape

кавовий кухоль

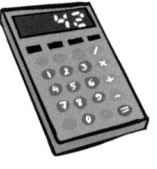

calculator

калькулятор

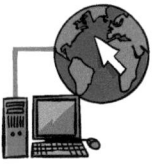

internet

інтернет

laptop

ноутбук

sulat

лист

mensahe

повідомлення

mobile

мобільний телефон

network

мережа

photocopier

копіювальний пристрій

software

програмне забезпечення

telepono

телефон

saksakan

розетка

fax machine

факс

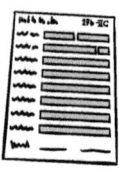

anyo

бланк

dokumento

документ

bumili

купувати

magbayad

платити

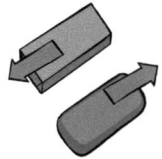

ikalakal

торгувати

pera

гроші

 **USD**

dolyar

долар

 **EUR**

euro

євро

 **JPY**

yen

ієна

 **RUB**

rublo

рубль

 **CHF**

swiss franc

франк

 **CNY**

renminbi yuan

юанів женьміньбі

 **INR**

rupee

рупія

cash point

банкомат

tanggapan ng palitan ng pera

обмінний пункт

ginto

золото

tanso

срібло

langis

нафта

enerhiya

енергія

presyo

ціна

kontrata

контракт

buwis

податок

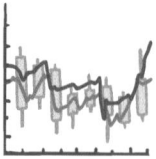

stock

акція

trabaho

працювати

empleyado

працівник

taga-empleyo

роботодавець

pabrika

фабрика

tindahan

магазин

mga trabaho

професії

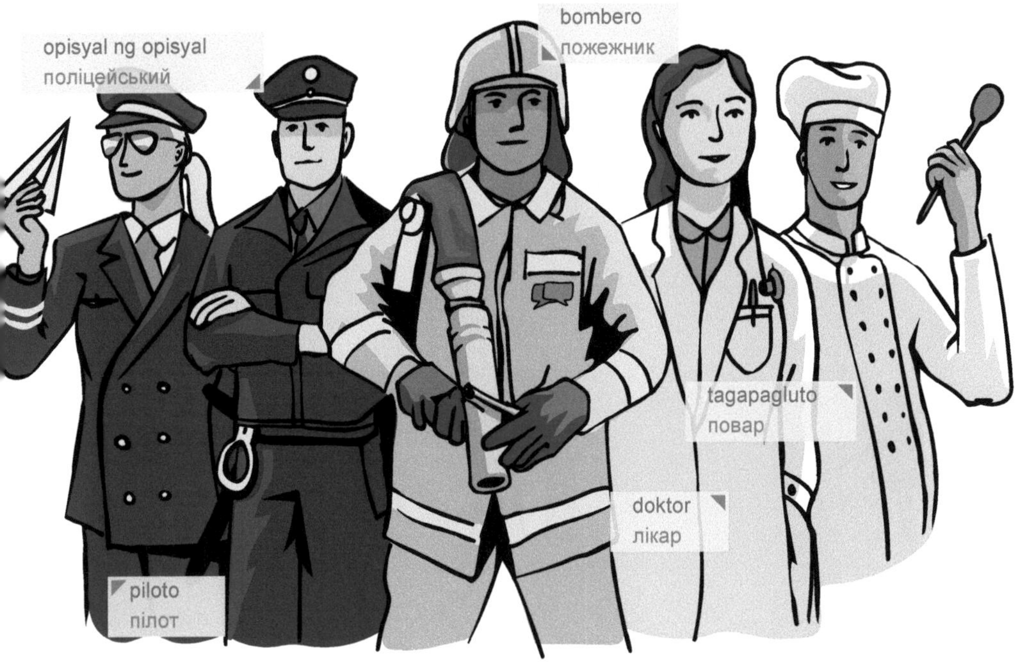
opisyal ng opisyal
поліцейський
bombero
пожежник
tagapagluto
повар
doktor
лікар
piloto
пілот

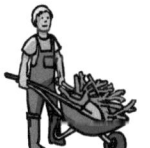

hardinero

садівник

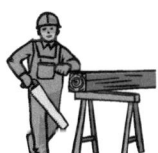

karpentero

столяр

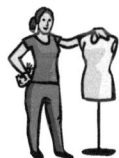

mananahi

швачка

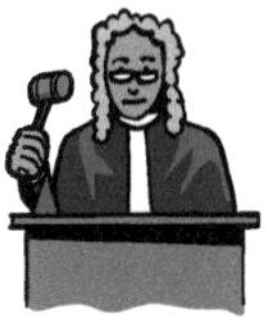

hukom

суддя

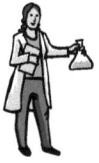

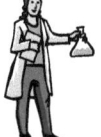

kemiko

хімік

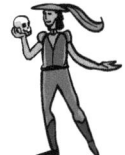

aktor

актор

tsuper ng bus

водій автобуса

tsuper ng taxi

таксист

mangingisda

рибалка

tagapaglinis

прибиральниця

tagapagkabit ng bubong

покрівельник

waiter

офіціант

mangangaso

мисливець

pintor

художник

panadero

пекар

elektrisyan

електрик

tagapagtayo

будівельник

inhinyero

інженер

magkakarne

забійник

tubero

бляхар

kartero

листоноша

sundalo

солдат

arkitekto

архітектор

kahera

касир

magtitinda ng bulaklak

флорист

manggugupit

перукар

konduktor

кондуктор

mekaniko

механік

kapitan

капітан

dentista

дантист

siyentipiko

вчений

rabbi

рабин

Imam

імам

monghe

монах

klero

пастор

mga kagamitan
інструменти

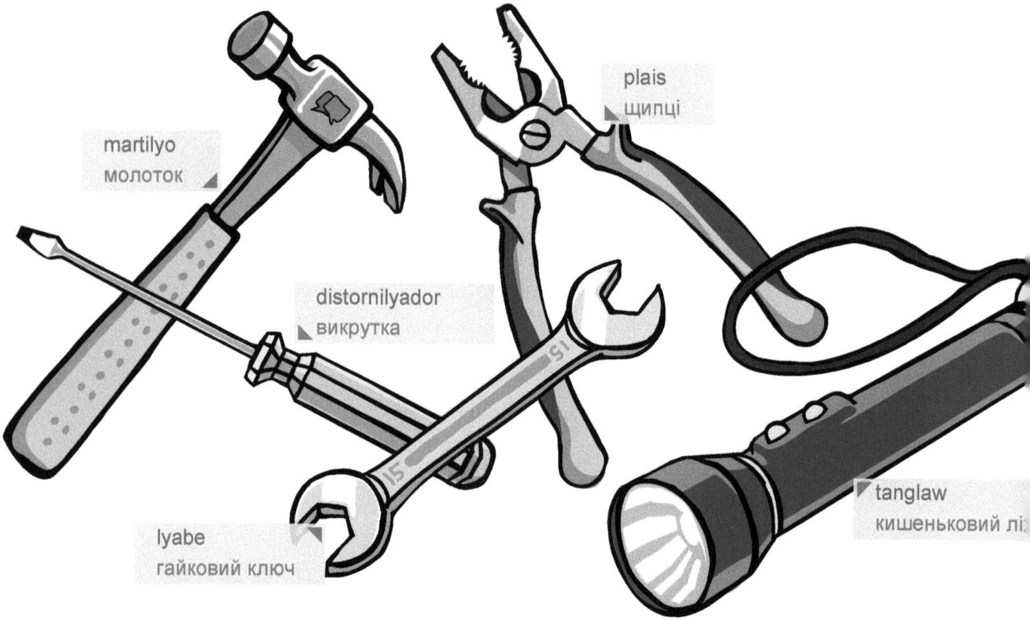
martilyo
молоток
plais
щипці
distornilyador
викрутка
lyabe
гайковий ключ
tanglaw
кишеньковий лі

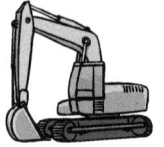

panghukay

екскаватор

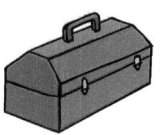

toolbox

ящик для інструментів

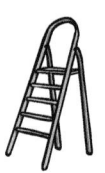

hagdan

драбина

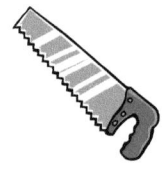

lagari

пилка

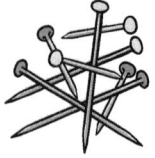

mga pako

цвяхи

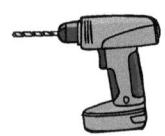

pambutas

свердло

kumpunihin

ремонтувати

pala

лопата

Kainis!

лайно!

pandakot

совок

palayok ng pintura

відро з фарбою

mga tornilyo

гвинти

mga pangmusikang instrumento
музичні інструменти

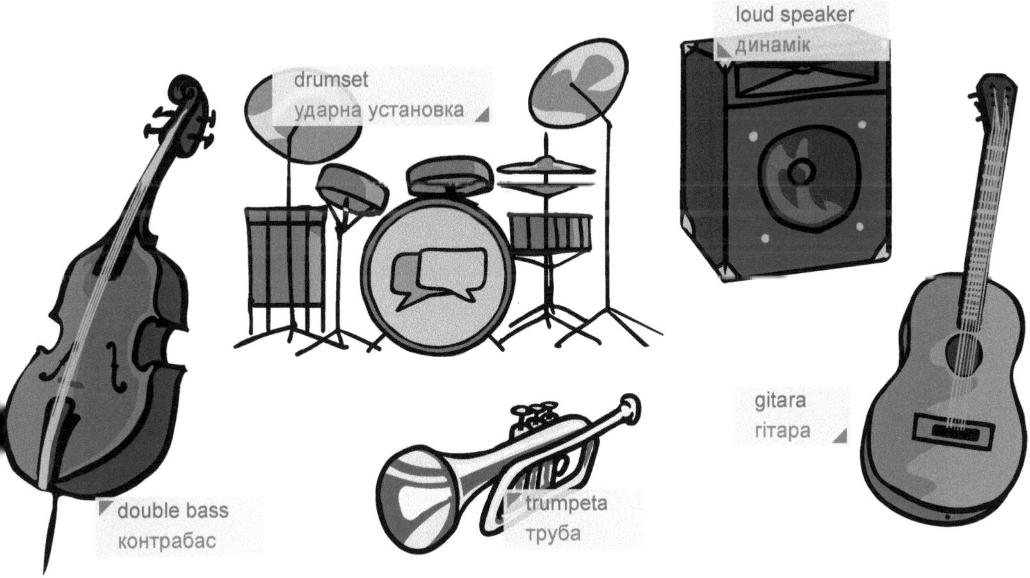

drumset
ударна установка

loud speaker
динамік

gitara
гітара

double bass
контрабас

trumpeta
труба

piyano

фортепіано

biyolin

скрипка

bass

бас

timpani

литаври

mga drum

барабан

keyboard

клавіатура

saksopon

саксофон

plauta

флейта

mikropono

мікрофон

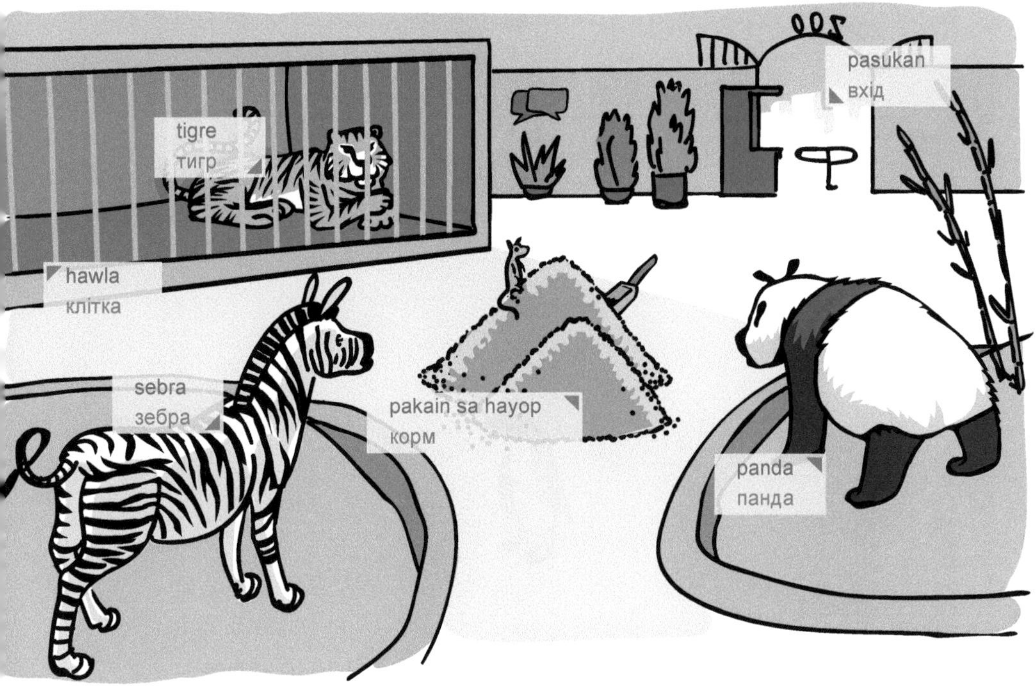

tigre
тигр

pasukan
вхід

hawla
клітка

sebra
зебра

pakain sa hayop
корм

panda
панда

mga hayop

тварини

elepante

слон

kanggaro

кенгуру

rhino

носоріг

gorilya

горила

oso

ведмідь

kamelyo

верблюд

ostrich

страус

leon

лев

unggoy

мавпа

flamingo

фламінго

loro

папуга

polar bear

білий ведмідь

penguin

пінгвін

pating

акула

paboreal

павич

ahas

змія

buwaya

крокодил

tagapag-alaga ng zoo

працівник зоопарку

seal

тюлень

jaguar

ягуар

buriko

поні

leopardo

леопард

hipo

гіпопотам

dyirap

жираф

agila

орел

bulugan

кабан

isda

риба

pagong

черепаха

walrus

морж

soro

лисиця

gasel

газель

Amerikanong putbol
американський футбол

pamimisikleta
їзда на велосипеді

tennis
теніс

basketbol
баскетбол

paglalangoy
плавання

boksing
бокс

ice-hockey
хокей

soccer
футбол

badminton
бадмінтон

atletiks
легка атлетика

handball
гандбол

skiing
лижні перегони

polo
поло

mga aktibidad

дії

tumawa
сміятися
tumalon
стрибати
yakapin
обіймати
lumakad
йти
kumanta
співати
mangarap
мріяти
magdasal
молитися
halikan
цілувати

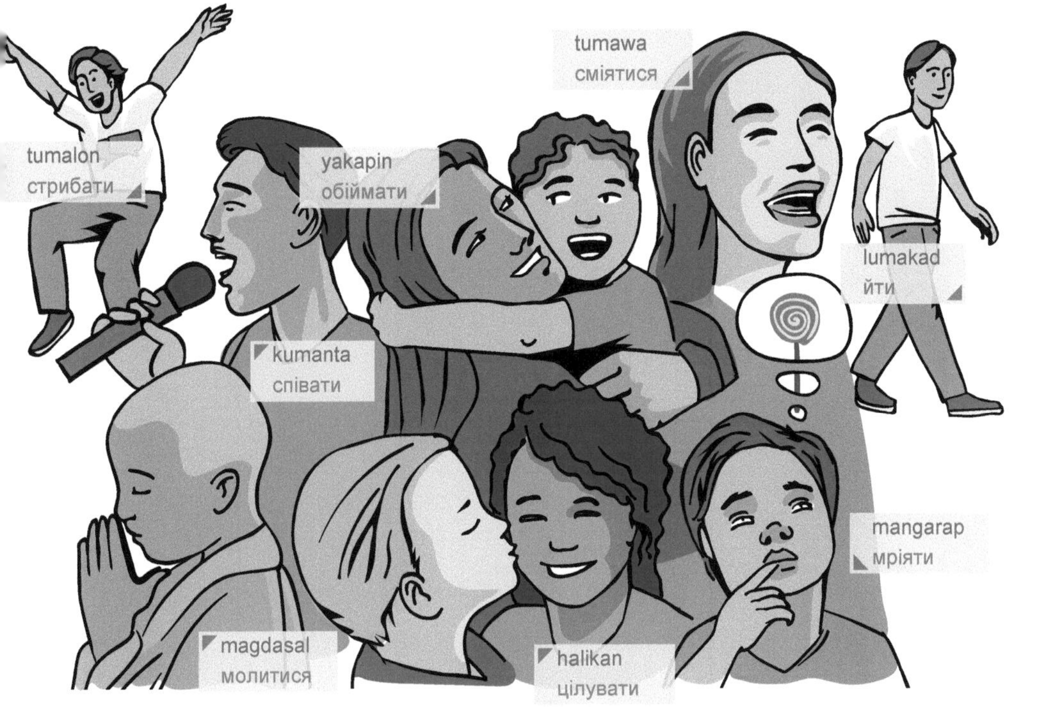

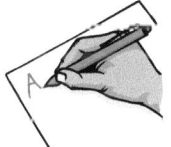

sumulat

писати

gumuhit

малювати

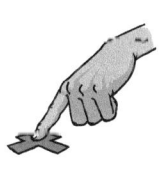

ipakita

показувати

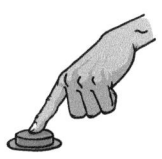

itulak

тиснути

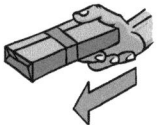

magbigay

давати

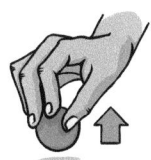

kunin

брати

magkaroon

мати

gawin

робити

maging

бути

tumayo

стояти

tumakbo

бігати

hilahin

тягнути

itapon

кидати

malaglag

падати

mahiga

лежати

hintayin

очікувати

dalhin

носити

umupo

сидіти

magbihis

одягати

matulog

спати

gumising

просипатися

tumingin

дивитися

umiyak

плакати

estilo

гладити

magsuklay

розчісувати

magsalita

розмовляти

intindihin

розуміти

magtanong

питати

makinig

слухати

uminom

пити

kumain

їсти

llnlsln

прибирати

mahal

любити

magluto

варити

magmaneho

їхати

lumipad

літати

mga aktibidad - дії

65

maglayag

йти під вітрилом

kalkulahin

рахувати

basahin

читати

matuto

вчитися

trabaho

працювати

pakasalan

одружуватися

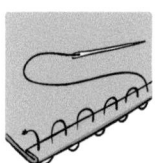

tahiin

шити

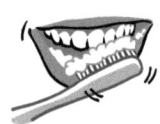

magsipilyo ng ngipin

чистити зуби

patayin

убивати

manigarilyo

курити

magpadala

посилати

pamilya
сім'я

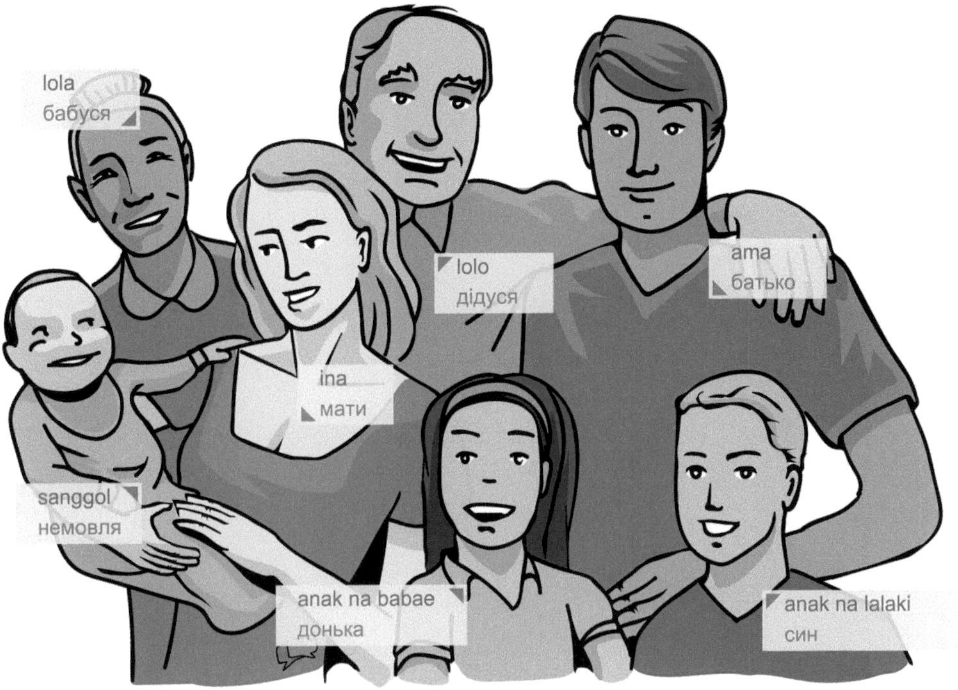
lola
бабуся
lolo
дідуся
ama
батько
ina
мати
sanggol
немовля
anak na babae
донька
anak na lalaki
син

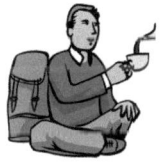

panauhin
гість

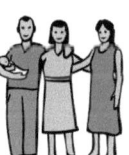

tiya
тітка

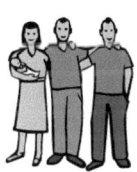

tiyo
дядько

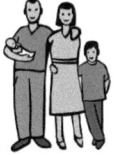

kuya
брат

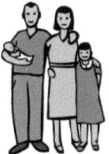

ate
сестра

katawan

тіло

noo
чоло
mata
око
balikat
плече
daliri
палець
mukha
обличчя
baba
підборіддя
kamay
кисть
binti
нога
suso
груди
bisig
рука

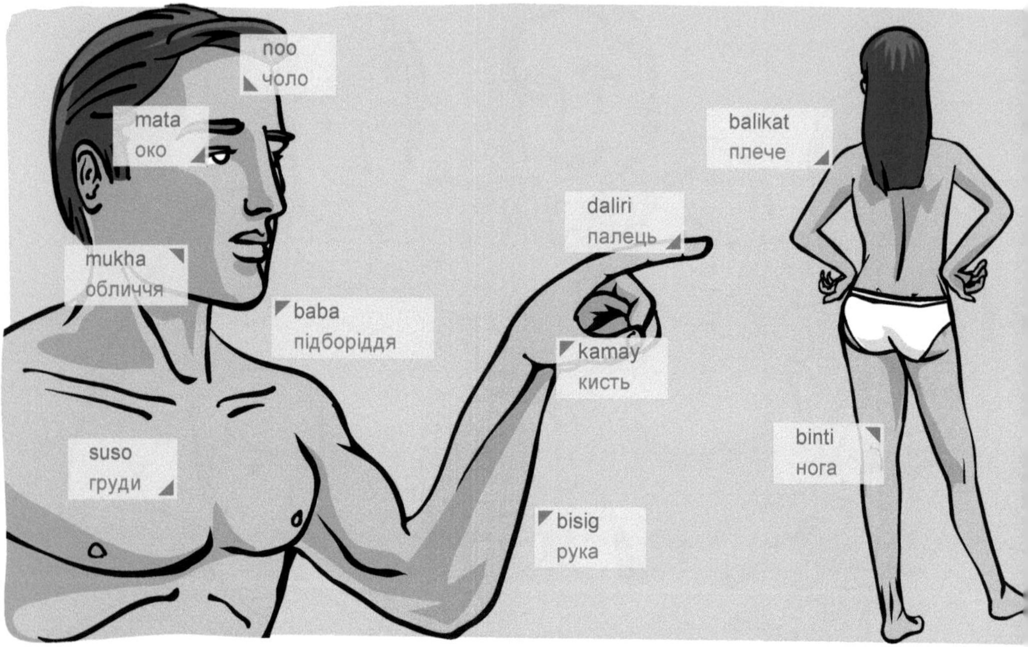

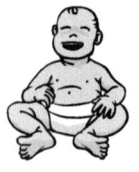

sanggol

немовля

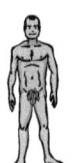

lalaki

чоловік

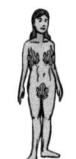

babae

жінка

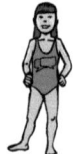

batang babae

дівчина

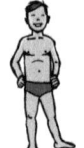

batang lalaki

хлопчик

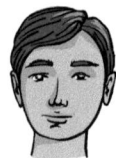

ulo

голова

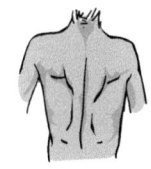

likod

спина

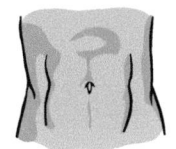

tiyan

живіт

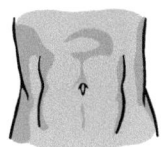

pusod

пуп

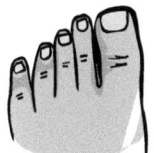

daliri ng paa

палець ноги

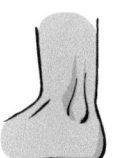

takong

п'ята

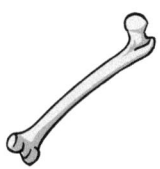

buto

кістка

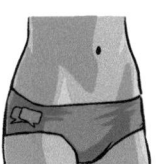

balakang

стегно

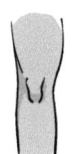

tuhod

коліно

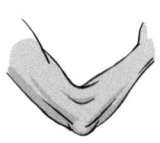

siko

лікоть

ilong

ніс

gitna

сідниці

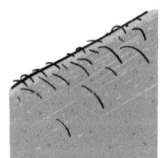

balat

шкіра

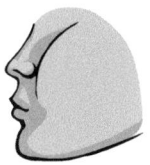

pisngi

щока

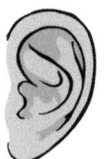

tainga

вухо

labi

губа

bibig

рот

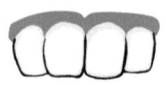

ngipin

зуб

dila

язик

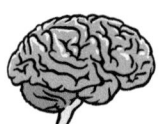

utak

мозок

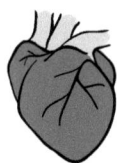

puso

серце

kalamnan

м'яз

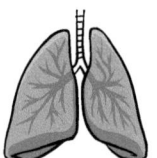

baga

легені

atay

печінка

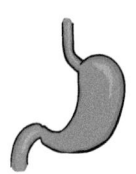

sikmura

шлунок

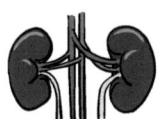

mga bato

нирки

pagtatalik

статевий акт

kondom

презерватив

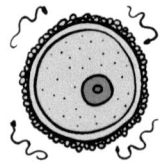

obyum

яйцеклітина

semen

сперма

pagbubuntis

вагітність

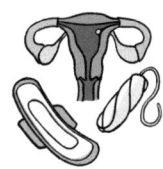

pagreregla
менструація

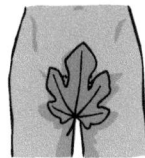

vagina
вагіна

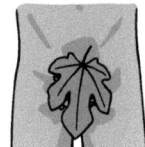

ari ng lalaki
пеніс

kilay
брова

buhok
волосся

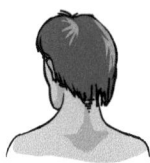

leeg
шия

ospital
лікарня

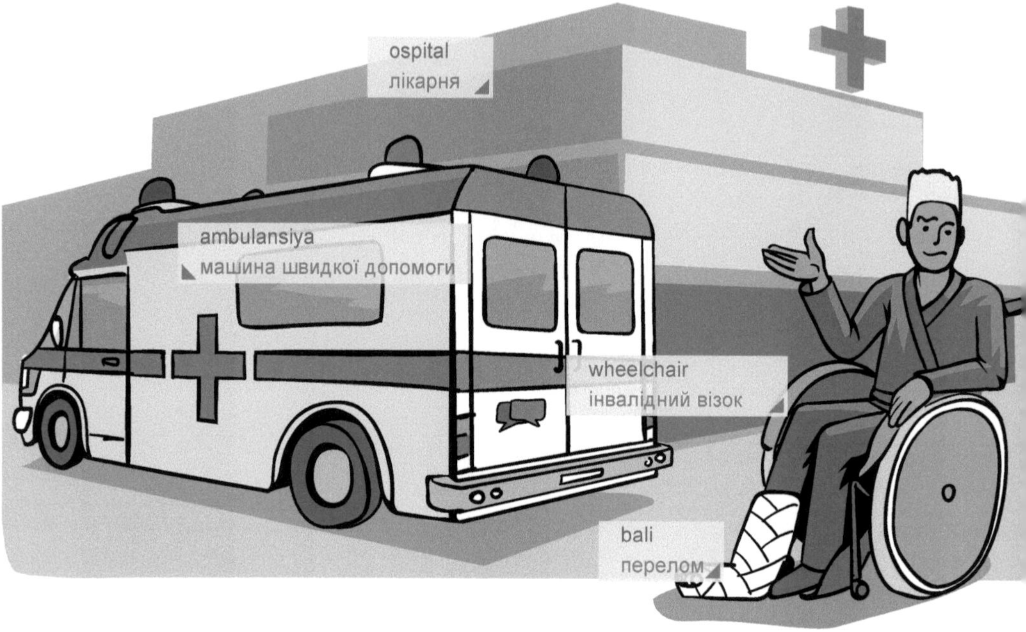

ospital
лікарня
ambulansiya
машина швидкої допомоги
wheelchair
інвалідний візок
bali
перелом

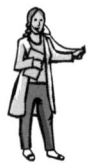

doktor

лікар

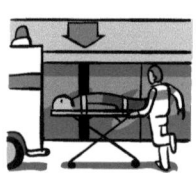

silid pang-emergency

відділення швидкої медичної допомоги

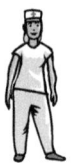

nars

медсестра

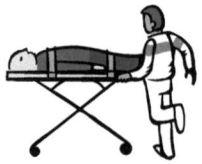

emerhensiya

аварійний випадок

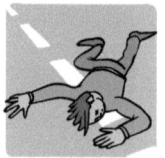

walang malay

непритомний

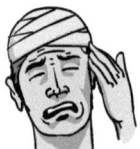

pananakit

біль

pinsala

травма

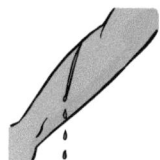

nagdurugo

кровотеча

atake sa puso

інфаркт

atake serebral

інсульт

alerdye

алергія

ubo

кашель

lagnat

лихоманка

trangkaso

грип

pagdudumi

пронос

sakit ng ulo

головна біль

kanser

рак

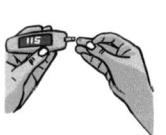

dlyabetis

діабет

siruhano

хірург

iskalpel

скальпель

operasyon

операція

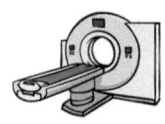

CT

КТ

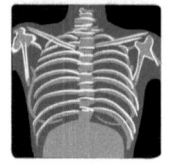

x-ray

рентген

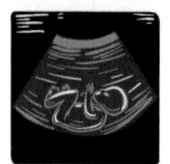

ultrasound

ультразвук

maskara sa mukha

маска

sakit

хвороба

silid-antayan

зал очікування

saklay

милиця

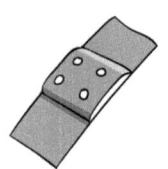

plaster

пластир

benda

пов'язка

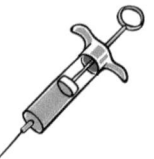

iniksyon

ін'єкція

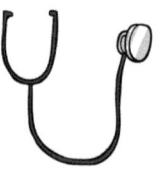

istetoskopyo

стетоскоп

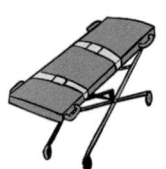

estretser

ноші

klinikal na termometro

термометр

pagsilang

народження

labis sa timbang

надмірна вага

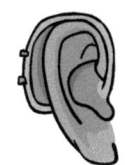

hearing-aid

слуховий апарат

pang-disimpekta

дезінфікуючий засіб

impeksyon

інфекція

bayrus

вірус

HIV / AIDS

ВІЛ / СНІД

medisina

медицина

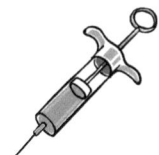

bakuna

вакцинація

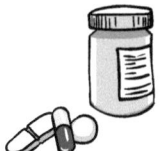

mga tableta

таблетки

tabletas

протизаплідна пігулка

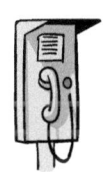

emergency na tawag

екстрений виклик

pagmamatyag sa presyon ng dugo

тонометр

may sakit / malusog

хворий / здоровий

Tulong!

Допоможіть!

alarma

сигнал тривоги

asulto

напад

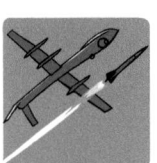

atake

атака

panganib

небезпека

labasang pang-emergency

аварійний вихід

Sunog!

Вогонь!

fire extinguisher

вогнегасник

aksidente

аварія

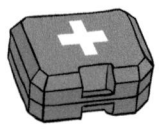

kagamitan sa paunang lunas

аптечка

SOS

СОС

pulis

поліція

Europa

Європа

Hilagang Amerika

Північна Америка

Timog Amerika

Південна Америка

Aprika

Африка

Asya

Азія

Australia

Австралія

Atlantika

Атлантика

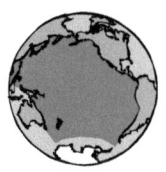

Pasipiko

Тихий океан

Dagat Indiano

Індійський океан

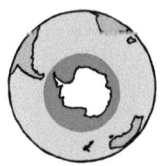

Dagat Antarktika

Антарктичний океан

Dapat Arktika

Північний Льодовитий океан

Hilagang polo

Північний полюс

Timog polo

Південний полюс

Antartika

Антарктика

mundo

Земля

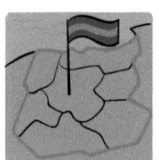

lupa

суша

dagat

море

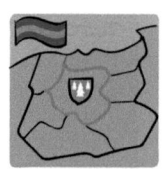

isla

острів

bansa

нація

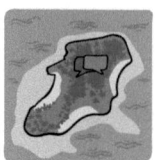

estado

держава

mukha ng orasan

циферблат

orasang kamay

годинникова стрілка

minutong kamay

хвилинна стрілка

segundong kamay

секундна стрілка

Anong oras na?

Котра година?

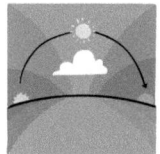

araw

день

oras

час

ngayon

зараз

digital na relo

цифровий годинник

minuto

хвилина

oras

година

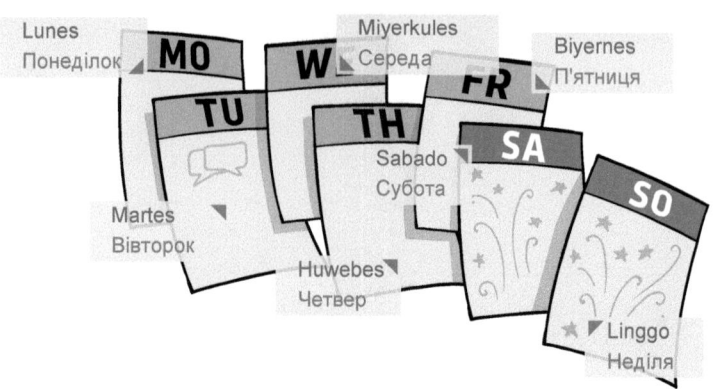

Lunes / Понеділок — MO
Martes / Вівторок — TU
Miyerkules / Середа — W
Huwebes / Четвер — TH
Biyernes / П'ятниця — FR
Sabado / Субота — SA
Linggo / Неділя — SO

kahapon

вчора

ngayon

сьогодні

bukas

завтра

umaga

ранок

tanghali

опівдні

gabi

вечір

mga araw ng negosyo

робочі дні

katapusan ng linggo

кінець робочого тижня

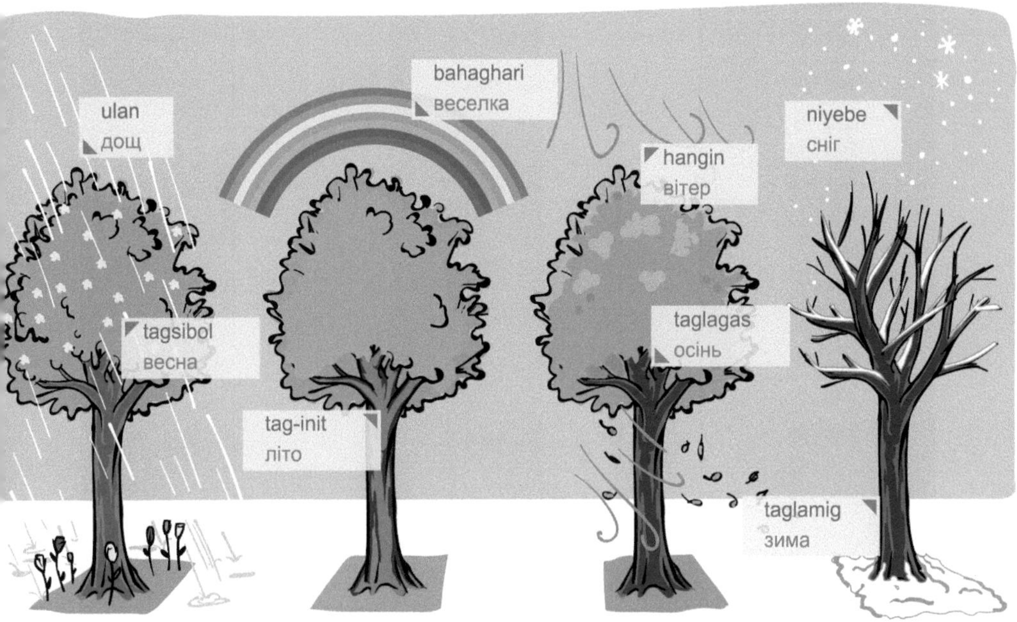

ulan
дощ
bahaghari
веселка
niyebe
сніг
hangin
вітер
tagsibol
весна
taglagas
осінь
tag-init
літо
taglamig
зима

4.APRIL 11°
5.APRIL 4°
6.APRIL 13°
7.APRIL 8°
8.APRIL 10°

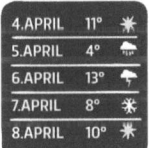

lagay ng panahon

прогноз погоди

F C
120 40
90 30
60 20
30 10
0 0
-30 -10
-20

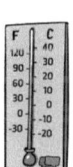

termometro

термометр

sikat ng araw

сонячне світло

ulap

хмара

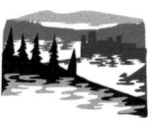

hamog

туман

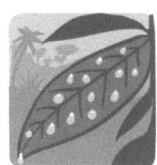

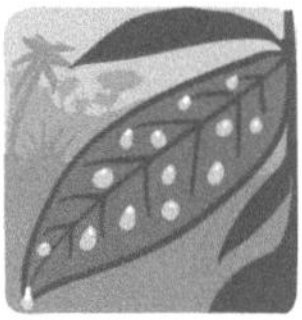

kahalumigmigan

вологість повітря

kidlat

блискавка

kulog

грім

bagyo

шторм

may yelong ulan

град

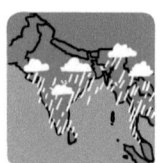

tag-ulan

мусон

pagkain

повінь

yelo

лід

Enero

Січень

Pebrero

Лютий

Marso

Березень

Abril

Квітень

Mayo

Травень

Hunyo

Червень

Hulyo

Липень

Agosto

Серпень

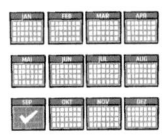

Setyembre

Вересень

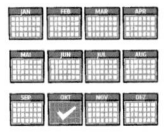

Oktubre

Жовтень

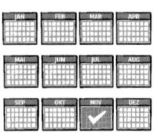

Nobyembre

Листопад

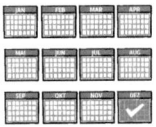

Disyembre

Грудень

mga hugis

форми

bilog

круг

parisukat

квадрат

rektanggulo

прямокутник

tatsulok

трикутник

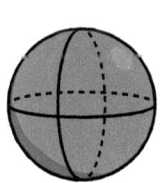

pabilog

куля

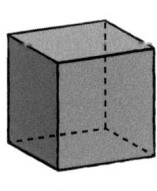

kyub

куб

puti

білий

dilaw

жовтий

kahel

помаранчевий

rosas

рожевий

pula

червоний

ube

фіолетовий

asul

синій

berde

зелений

brown

коричневий

grey

сірий

itim

чорний

marami / kakaunti

багато / мало

takot / kalmado

лютий / мирний

maganda / pangit

гарний / бридкий

simula / katapusan

початок / кінець

malaki / maliit

великий / малий

matingkad / madilim

світлий / темний

kuya / ate

брат / сестра

malinis / madumi

чистий / брудний

kumpleto / kulang

завершений /
незавершений

araw / gabi

день / ніч

patay / buhay

мертвий / живий

malawak / makipot

широкий / вузький

nakakain / hindi nakakain

їстівний / не їстівний

masama / mabuti

злий / дружній

nakakatuwa / nakakainip

збуджений / нудьгуючий

mataba / payat

товстий / тонкий

una / huli

спочатку / востаннє

kaibigan / kaaway

друг / ворог

puno / walang laman

повний / порожній

matigas / malambot

жорсткий / м'який

mabigat / magaan

важкий / легкий

gutom / uhaw

голод / спрага

may sakit / malusog

хворий / здоровий

ilegal / legal

незаконний / законний

matalino / tanga

розумний / дурний

kaliwa / kanan

вліво / вправо

malapit / malayo

поруч / далеко

bago /gamit na

новий / використаний

wala /mayroon

нічого / щось

matanda / bata

старий / молодий

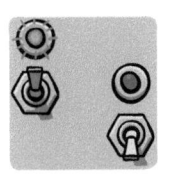

naka-on / naka-off

вкл / викл

bukas / sarado

відкрито / закрито

tahimik / maingay

тихо / гучно

mayaman / mahirap

багатий / бідний

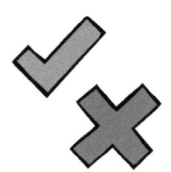

tama / mali

правильно / неправильно

magaspang / makinis

шорсткий / гладкий

malungkot / masaya

сумний / щасливий

maikli / mahaba

короткий / довгий

mabagal / mabilis

повільно / швидко

basa / tuyo

вологий / сухий

maligamgam / malamig

гарячий / холодний

digmaan / kapayapaan

війна / мир

magkasalungat - протилежності

0

sero

нуль

1

isa

один

2

dalawa

два

3

tatlo

три

4

apat

чотири

5

lima

п'ять

6

anim

шість

7

pito

сім

8

walo

вісім

9

siyam

дев'ять

10

sampu

десять

11

labing-isa

одинадцять

12

labindalawa

дванадцять

13

labintatlo

тринадцять

14

labing-apat

чотирнадцять

15

labinlima

п'ятнадцять

16

labing-anim

шістнадцять

17

labimpito

сімнадцять

18

labing-walo

вісімнадцять

19

labinsiyam

дев'ятнадцять

20

dalawampu

двадцять

100

daan

сто

1.000

libo

тисяча

1.000.000

milyon

мільйон

Ingles

англійська

Amerikan na Ingles

американська англійська

Tsinong Mandarin

китайська
високочиновницька

Hindi

хінді

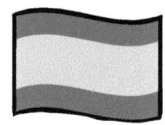

Espanyol

іспанська

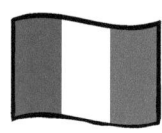

Pranses

французька

Arabe

арабська

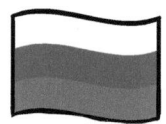

Ruso

російська

Portuges

португальська

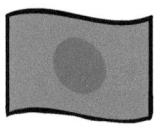

Bengali

бенгальська

Aleman

німецька

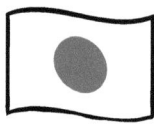

Hapon

японська

ako

я

ikaw

ти

siya / siya / ito

він / вона / воно

kami

ми

ikaw

ви

sila

вони

sino?

хто?

ano?

що?

paano?

як?

saan?

де?

kailangan?

коли?

pangalan

ім'я

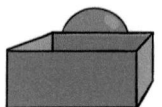

likuran

ззаду

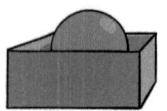

saan

в

sa harap ng

перед

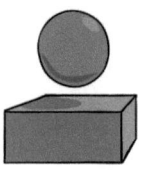

itaas

над

sa

на

ilalim

під

katabi

біля

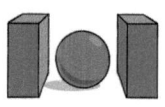

pagitan

між

lugar

місце